Animales en el bosque

por Maryellen Gregoire

Consultora:
Nancy E. Harris, M.Ed

capstone
classroom
Heinemann Raintree • Red Brick Learning
division of Capstone

En el bosque viven muchos animales.

Muchos animales se mueven en el bosque.

Veo un águila calva volando en el cielo.

El águila calva tiene la cabeza blanca. Tiene el pico amarillo.

Veo un pájaro azul volando en el cielo.

El pájaro azul tiene la cabeza azul. Tiene el pico negro.

Veo a un castor nadando en el agua.

El castor tiene una casa hecha de palitos. Está hecha de madera.

Veo un sapo nadando en el agua.

El sapo tiene una casa hecha con lodo.
Está hecha con agua.

Veo un mapache esconderse en el bosque.

El mapache tiene semillas.
Tiene bellotas.

Veo un conejo esconderse en el bosque.

El conejo tiene plantas.
Tiene pasto.

¿Cómo se mueve un ciervo en el bosque?